AF494995

10

CONFÉRENCE

SUR LA

Palestine et la Syrie

PAR

M. ADOLPHE CHAUVET

Lac de Tibériade. — Safed. — Tibnin. — Les Métoualis.
Tyr. — Sidon. — Beyrout. — Damas.

ROUEN

IMPRIMERIE DE ESPÉRANCE CAGNIARD

Rues Jeanne-Darc, 88, et des Basnage, 5

1891

39073888

CONFÉRENCE

SUR LA

Palestine et la Syrie

PAR

M. ADOLPHE CHAUVET

Lac de Tibériade. — Safed. — Tibnin. — Les Métoualis.
Tyr. — Sidon. — Beyrout. — Damas.

ROUEN
IMPRIMERIE DE ESPÉRANCE CAGNIARD
Rues Jeanne-Darc, 88, et des Basnage, 5

1891

4 pièce
D1

2003-262135

Extrait du Bulletin de la Société normande de Géographie

LA PALESTINE ET LA SYRIE

LAC DE TIBÉRIADE. — SAFED. — TIBNIN. — LES MÉTOUALIS. — TYR. — SIDON. — BEYROUT. — DAMAS

MESDAMES, MESSIEURS,

Dans une précédente conférence, nous avons décrit la vallée du Jourdain et la route de Jérusalem à Tibériade, par la Samarie et la Galilée. Nous désirons aujourd'hui poursuivre notre promenade au nord et au nord-ouest, en traversant la haute Galilée, pour nous diriger, par Tyr et Sidon, sur Beyrout, et, de là, sur Damas.

A partir de Tibériade, on suit constamment le rivage. Le chemin rocailleux, qui domine le lac de quelques mètres, croise un petit ouadi qui descend du plateau de Hattîn. A l'entrée de ce vallon, à droite, se trouve un terrain cultivé, avec plusieurs sources, dont la principale, Aîn el-Barîdèh, la *source froide*, est entourée d'une muraille circulaire ruinée, en forme de réservoir. Le seul hameau de cette plaine est *El-Medjdel* (Magdala), misérable groupe d'une trentaine de huttes, renfermant une population presque nue, seul reste des anciens pêcheurs du lac, et une tour moderne. Les savants, rarement d'accord lorsqu'il s'agit de déterminer l'identification des localités de la Palestine, se rencontrent ici pour reconnaître dans *El-Medjdel* le nom à peine altéré de Magdala, la patrie de Marie Magdeleine.

Un peu au nord de El-Medjdel, débouche le ouady El-Hamâm, la

1 Troisième Conférence donnée à Rouen, le 11 mars 1891, à la Société normande de Géographie.

vallée des pigeons. C'est une gorge sauvage, resserrée entre des rochers à pic, de 200 à 300 mètres de hauteur, qui va aboutir au plateau de Hattîn; c'est par cette vallée que passe la route de Damas. Vers le milieu de la gorge, on visite des cavernes remarquables, nommées *Qala'at Ibn Ma'ân*. Le talus très rapide, haut de 250 mètres environ, est formé de débris roulants, sur lesquels on se tient difficilement en équilibre, et recouvert de gigantesques chardons et de plantes de fenouil, qui ont au moins 10 pieds de hauteur. Une rampe d'escalier, en partie construite, en partie creusée dans le roc, aboutit à un long couloir voûté, qui donne accès à une grande grotte, ayant environ 40 mètres dans tous les sens et au moins 20 mètres de hauteur. Des corridors, des galeries, tantôt voûtées, tantôt creusées en plein rocher, font communiquer entre elles d'autres chambres souterraines. Un couloir incliné, ogival, admirablement construit en voûte, conduisait à un second et à un troisième étages, présentant aussi toute une enfilade de vastes cavités ouvrant les unes dans les autres. A la partie supérieure, tout cet ensemble de constructions est terminé par un rempart fortifié de tours arrondies, bâties contre le rocher en belles pierres alternativement blanches et noires, et terminées par des terrasses, autrefois munies de créneaux. Nous avons donc ici une véritable forteresse, établie pour défendre l'entrée du pays. Ce sont là, sans aucun doute, les *cavernes d'Arbela*, qui furent fortifiées par Josèphe et qui, auparavant, sous le règne d'Hérode, avaient servi de refuge à des partisans qui y opposèrent une résistance désespérée aux soldats du roi.

Au nord de El-Medjdel commence la plaine de Gennesar ou Gennesareth, appelée aujourd'hui El-Ghoueïr, le petit Ghôr, dont l'historien Josèphe nous a donné les dimensions exactes, 5 kilomètres de long sur 3 kilomètres 1/2 de largeur environ, et dont il nous a laissé un tableau enchanteur ; la plaine, aujourd'hui déserte, étonne par la puissance de sa végétation, et l'on peut y retrouver la plupart des arbres mentionnés par l'historien juif. Grâce à sa dépression au dessous du niveau de la Méditerranée, son climat chaud et égal se rapproche de celui de l'Egypte. Elle était arrosée non seulement par les eaux de plusieurs sources, le Aïn et-Tabigha et le Aïn et-Tîn, qui y étaient distribuées par des canaux dont on retrouve de nombreux vestiges, mais encore, à l'ouest, par le O. el-Amoûd et le O. Rabadiyèh. Le second surtout est un cours d'eau permanent et abondant, où nous avions de l'eau jusqu'au ventre des chevaux, au mois de mai. Tout autour de la plaine s'étagent de riantes collines. Evidemment, il y avait là un emplacement favorable et des conditions exceptionnelles de développement pour une ville importante; aussi ne faut-il pas s'étonner que l'on ait cherché ici les traces de Capharnaüm et de Bethsaïda.

A partir de Medjdel, nous suivons de près le rivage, tantôt sur la grève sablonneuse, tantôt au milieu des hautes herbes, des grands roseaux et des buissons touffus de lauriers-roses, qui couvrent la plaine; l'œil se repose sur cette fraîche verdure, sur la surface paisible de ce beau lac, sur les collines de l'ouest, aux teintes chaudes et rougeâtres, comme sur la côte escarpée et bleuâtre qui se dresse majestueusement à l'est. A quelques minutes à l'ouest, nous allons visiter le *Aïn el-Medaouârah* (la fontaine ronde), vaste bassin entouré d'une muraille circulaire, comme le Aïn el-Baridèh, formant un réservoir d'environ trente mètres de diamètre et caché par un épais fourré d'arbres et de broussailles. L'eau, qui s'élève dans le bassin à plusieurs pieds de hauteur, donne naissance à un petit ruisseau. Ce bassin répond, sous beaucoup de rapports, à la fontaine de Capharnaüm de l'historien Josèphe, qui arrosait la plaine de Gennesareth; mais la question est fort controversée. Plusieurs auteurs placent Capharnaüm un peu plus au N., à l'extrémité de la plaine, à *Aïn et-Tîn* (fontaine du figuier). Un Khân ruiné s'élève juste au pied de la hauteur d'où descend la route de Damas et c'est entre le Khân et le rivage que s'échappe la source abondante, ombragée par un beau figuier, qui lui a donné son nom; l'eau est douce, fraîche et agréable à boire; elle se déverse à peu de distance du lac qui, dans les hautes eaux, peut en retour couvrir la fontaine. D'autres sources voisines, plus petites, répandent la fertilité sur le terrain environnant, couvert de hautes herbes et de papyrus, qui dressent à plus de 2 mètres de hauteur leur superbe panache. Au S. de Khân el-Miniyèh et de Aïn et-Tîn, des monceaux de pierres informes, qui s'étendent sur un espace assez considérable, le long de la petite baie, révèlent l'existence d'une ancienne ville, mais on n'y retrouve aucun reste d'édifice important.

Robinson, le savant explorateur des terres bibliques, a soutenu à plusieurs reprises, avec beaucoup de chaleur, l'identification de Aïn et-Tîn avec Capharnaüm. Les évangiles sont les seuls livres qui mentionnent Capharnaüm, sur le bord du lac, aux confins de Zabulon et de Nephthali; Josèphe n'en parle qu'une seule fois et il applique ce nom à la source principale, qui fécondait la plaine de Gennesareth. Robinson tire son argument principal du récit de la tempête, récit qui prouve que Capharnaüm et Bethsaïde étaient deux localités très voisines, attenantes à la plaine de

Gennesareth. Il reconnaît dans Aïn et-Tîn la fontaine décrite par Josèphe, où les poissons du lac peuvent facilement remonter, dans les hautes crues de celui-ci. Il invoque enfin l'autorité des écrivains chrétiens qui ont mentionné la ville quand elle existait encore, surtout le rapport d'Arculf qui, à la fin du VIe siècle, décrit Capharnaüm comme étant située au bord du lac, sur un espace étroit, orienté de l'est à l'ouest, entre la montagne au nord et le lac au sud, indication qui s'accorde parfaitement avec la position de Kân el-Miniyèh, et dont on retrouve la confirmation dans plusieurs écrivains jusqu'à Quaresmius, qui, en 1620, nomme expressément Khân el-Miniyèh. Ce n'est qu'au XVIIe siècle que la tradition ancienne paraît s'être perdue et la localité de Capharnaüm transportée par Nau, en 1674, aux ruines de Tell Hoûm, situées un peu plus à l'est, non loin du lac. C'est avec peine qu'on les découvre, dans le fouillis de broussailles qui les rend presque inaccessibles. Nous frayant cependant un chemin au milieu d'épais chardons qui mesurent jusqu'à 2m50 de hauteur, nous distinguons avec une vive émotion, couchées au milieu des ronces où elles dorment depuis plus de vingt siècles, des frises brisées, de superbes colonnes de 3 mètres au moins de circonférence; puis, des piédestaux richement sculptés, des piliers cannelés, des chapiteaux corinthiens, d'autres chapiteaux d'ordre ionique, comme ceux du tombeau d'Absalon à Jérusalem, et les restes d'un vaste édifice, dont les fondations mesurent au moins 33 mètres de long sur 26 de large. Ce qui frappe le plus dans ces ruines, ce sont des colonnes doubles, *taillées avec leurs bases et leurs chapiteaux dans le même bloc, comme on en voit à la cathédrale de Tyr*, et de grandes tables de pierre, de 3 mètres de long sur 1m50 de large, avec des ornements effacés. Tous ces débris sont de grandes dimensions et d'un beau calcaire se rapprochant du marbre. L'ordre ionique nous reporte incontestablement à l'art juif, et les analogies évidentes entre ces ruines et celles d'anciennes synagogues, encore debout dans les environs de Safed, ne laissent aucun doute à cet égard.

Nous sommes donc en présence d'une belle et grande synagogue. Il y avait donc ici, bien certainement, une ville de quelque importance et le nom de Tell Hoûm, colline de Hoûm, assez analogue à Kefr Nahoûm, par abréviation, Kefr Hoûm, donné à ces ruines, reporte tout de suite notre pensée sur la ville de Capharnaüm, séjour préféré du Christ. Mais, en même temps que ce rapprochement s'impose à nous, notre embarras augmente et devient vraiment cruel. Tout à l'heure, avec le savant Robinson, nous avions d'excellentes raisons de placer Tell Hoûm à Khân el-Miniyèh;

maintenant, nous en avons de non moins fortes, quoique d'un ordre différent, pour donner la préférence à Tell Hoûm. Laquelle de ces deux villes l'emportera ?

L'une a pour elle sa position à la tête d'une belle et fertile plaine, sa fontaine mentionnée par Josèphe, le témoignage des auteurs chrétiens du moyen âge qui l'ont vue, comme ils ont vu les ruines de sa rivale d'aujourd'hui ; l'autre peut revendiquer son nom et ses ruines, ruines réelles, authentiques.

Messieurs, si vous le permettez, nous ne déciderons pas. La question reste pendante. *Sub judice lis est.* Laissons quelque chose à faire à nos petits-neveux. En cela, comme en beaucoup d'autres choses, ils seront sans doute plus heureux que nous et ils parviendront à résoudre ce problème et même d'autres, beaucoup plus difficiles, dont nous poursuivons la solution, sans la trouver, hélas ! Du reste, je ne suis pas ici précisément pour vous soumettre des problèmes, mais pour voyager en votre compagnie. Vous m'excuserez même, je l'espère, de vous avoir si longtemps arrêtés sur ces bords sacrés du lac de Gennesareth, à jamais illustrés par le séjour du Christ. Cela seul suffirait pour me justifier à vos yeux ; mais j'ai eu aussi un autre dessein ; j'ai voulu vous montrer par un exemple combien l'identification des lieux consacrés est chose difficile.

A partir de Aïn et-Tîn, nous nous élevons au nord sur de hautes collines, dont les flancs sont couverts de chardons et de hautes herbes, au milieu desquels apparaît çà et là quelque champ de blé. Le sol est d'une grande fertilité. A la fin du mois d'avril, au moment de notre passage, le blé et les chardons atteignaient la hauteur du cheval. Pas un village, pas une maison ne se montre sur toute cette vaste étendue, et les amas de ruines que l'on rencontre de loin en loin sur les hauteurs ne font qu'ajouter à l'effet saisissant de ce désert, devenu la demeure des Bédouins. En nous retournant, notre vue plonge sur le beau lac de Gennesareth, qui apparaît comme assoupi, dans une immense coupe aux parois bleuâtres. Parvenus enfin, après une heure et demie de marche, au sommet de la montagne, nous nous arrêtons à un Khân, nommé *Khân Djoubb Youssouf* (Le Khân du puits de Joseph). Ce Khân possède, en effet, un puits auquel les Musulmans rattachent l'histoire de Joseph vendu par ses frères, erreur provenant de la fausse identification de Safed avec Bethulie. C'est ici que passe la grande route des caravanes, qui mène à Damas par le pont de *Djisr Bénât Yaqoub*, établi un peu plus au nord, sur le Jourdain. Nous y avons vu serpenter une

BNF PHS

longue file de chameaux, suivant le pas paisible et régulier d'un âne, qui s'en allaient porter à Saint-Jean-d'Acre le blé du Haourân.

Après une courte halte, nous continuons à nous acheminer au N.-O. et nous nous élevons par une gorge étroite, entre des rochers d'un calcaire très dur, sur un plateau couvert d'une épaisse végétation, et, de là, par une succession de montées et de descentes, nous arrivons en une heure et demie à Safed.

Safed. — Nous savons peu de chose de l'histoire ancienne de Safed. La première mention certaine qui en soit faite remonte seulement à Guillaume de Tyr. La forteresse paraît avoir été occupée vers 1140 par les Croisés ; elle fut défendue par les Templiers contre Saladin lui-même et rendue après cinq années de siège. Démolie en 1220 par le sultan Melek-el-Moazhzhan, elle fut rendue en 1240 aux Templiers et fut réédifiée par les libéralités de Benedict, évêque de Marseille. Reprise en 1266 par le sultan Bibars, qui massacra ses défenseurs, elle fut depuis longtemps gardée par une garnison musulmane, sauf une courte occupation par les troupes de Napoléon, en 1799. Safed a été, dans les quatre derniers siècles, habitée surtout par les Juifs et est demeurée le siège d'une école israélite renommée, qui a produit d'illustres rabbins. Deux tremblements de terre, surtout celui de 1837, ont ruiné cette malheureuse ville. Plus de 5 000 personnes périrent ensevelies sous les décombres, et les restes de la célèbre école juive disparurent pour ne plus se relever. — La ville compte aujourd'hui 4 000 habitants environ, dont un tiers de Juifs, originaires de la Pologne et de la Russie. Il ne reste presque plus rien de l'ancienne citadelle.

En arrivant, nous voyons une quantité de familles juives, assises sur le gazon et se livrant aux douceurs du repos ; les uns se promènent, d'autres chantent ; un spectacle analogue, plein de charme et de fraîcheur, avait frappé nos regards, à notre entrée à Jérusalem et à Sichem. Si c'est ainsi que se passent d'ordinaire les choses, la vie doit être douce en Orient, dans sa simplicité primitive. Nous n'avons pas vu jusqu'à présent les effets de ce fanatisme étroit, dont le souvenir hante l'Occident, depuis les guerres des Croisades ; peut-être, sur ce point, comme sur beaucoup d'autres, sommes-nous le jouet de quelqu'un de ces mirages qui déforment les objets et nous montrent des fantômes terrifiants à la place d'objets inoffensifs ; toujours est-il, que 2 à 3 000 Juifs vivent ici côte à côte, et cela depuis de longs siècles, avec leurs terribles adversaires, et nous n'avons pas entendu dire qu'il s'élève parmi eux de ces inimitiés qui rendent la vie sociale impossible.

Du haut de la citadelle, on découvre un panorama immense, qui mériterait à lui seul d'attirer le voyageur en ce lieu. Au S.-E., les montagnes s'abaissent en pente douce vers le lac, par une série de vallées et de dépressions, laissant voir la belle et majestueuse nappe d'eau, endormie dans sa coupe aux bords évasés. Au delà des rives escarpées qui bordent le lac du côté de l'est, s'étend à perte de vue le plateau volcanique du Djaoulân et, plus loin, la montagne du Haourân, où l'on distingue surtout le pic appelé El-Qo leib, *le petit cœur* (1720 p.). Selon Porter, on peut même, avec une lunette, reconnaître au sud de cette chaîne le pic conique de Salkad, l'ancienne Salkha, qui se trouve au delà de Bozra, et qui marquait la limite est de Basçan. — Au sud, s'ouvre la grande vallée du Jourdain, par dessus laquelle la vue s'étend jusqu'aux montagnes d'Adjloûn, dans la direction de Gerasa. Au S.-S.-O., à droite du lac, se montrent le sommet du Tabor, une partie de la plaine d'Esdrelon et les montagnes de la Samarie.

Au N.-O. de Safed se trouvent deux localités particulièrement révérées des Juifs et qui attirent beaucoup de pèlerins de cette religion : *Meiroûn*, à une heure vingt environ au N.-O., sur les bords du ouady Meiroûn ; on y montre les *tombeaux* des grands docteurs Hillel et Chammaï, qui florissaient avant l'ère chrétienne, et du rabbin Simeon Ben Jochaï, l'auteur présumé du livre de Zohar, ainsi que les ruines d'une ancienne synagogue, dont il ne reste plus que le fronton sud avec un portail richement sculpté ; et *Kefr Birim*, grand village maronite sur le sommet d'un pic, à deux heures au N.-O. de Meiroûn, où se montrent aussi les restes d'une belle synagogue, devenue aujourd'hui une maison de paysan, en style dorique romain assez pur et de belle construction, avec deux rangs de colonnes calcaires, dont les chapiteaux sont formés par des anneaux circulaires, qui vont en s'élargissant vers le haut. La grande porte du milieu est richement ornée et formée de deux pilastres cannelés supportant un énorme linteau au dessus duquel s'arrondit un fronton en plein cintre. Il est probable que ces deux monuments, comme ceux de Tell Hoûm, remontent aux premiers siècles de notre ère, lorsque la Galilée devint le siège principal du judaïsme.

Tibnin. — De Safed, nous nous dirigeons à l'ouest, vers Tyr, à travers une région montueuse où l'on rencontre de temps à autre un village entouré de bois d'oliviers. La route, montant et descendant sans cesse, est fort monotone ; çà et là se montre quelque troupeau de moutons. Le sol, fertile, est parsemé de blocs de basalte. Nous apercevons au loin, à droite, les cimes neigeuses du grand Hermon. La vallée de El-Djich, où nous descendons après deux heures de marche environ, est bien cultivée en blés et en vignes. El-Djich est l'ancienne *Giscala*, une des villes de la *Galilée*, fortifiées par Josèphe, la dernière qui tint contre les Romains. Ce village, situé sur une haute colline, a été rebâti à neuf en pierres de taille, après le tremblement de terre de 1837. On y trouve, paraît-il, des sarcophages et les débris d'une synagogue, mais nous ne nous y arrêtons pas. Nous descendons au fond d'un ravin profond, dont les pentes sont cultivées jusqu'au haut. Un petit ruisseau y coule sur un lit de rochers blanchâtres. Nous le suivons quelque temps, puis nous nous élevons sur un plateau onduleux et bien cultivé.

Les collines, s'écartant à droite, laissent voir la région qui s'étend vers le Bahr el-Houlèh. La terre est toujours d'aspect blanchâtre, la végétation maigre.

Nous faisons halte à *Bint Djébaïl*, dans une vigne ; nos chevaux mal attachés piétinent le sol et causent quelques légers dégâts aux ceps. Nous voyons bientôt arriver un paysan de Bint Djébaïl, suivi de plusieurs femmes ; il nous interpelle vivement dans la langue sonore des Arabes, gesticule avec véhémence pour protester contre le préjudice que nous causons à son champ. Mes compagnons font la sourde oreille. Je lui fais dire par notre drogman que nous lui accorderons une indemnité raisonnable. Il s'en va bientôt, suivi de ses femmes, et le lendemain, à notre départ, nous le trouvons sur notre chemin ; sa voix avait perdu ses accents criards ; il nous parlait doucement, presque humblement, s'excusant de son algarade de la veille, nous saluant à la mode arabe et nous souhaitant bon voyage. Cet homme est un Métouali. Les Métoualis passent pour être cruels et fourbes, mais nous n'avons rien vu dans notre passage ici qui nous paraisse justifier leur mauvaise réputation. Arrivés là précisément un jour de marché, nous avons pu nous promener longuement parmi ces paysans rassemblés sans en éprouver la moindre insulte, pas même une curiosité indiscrète. Nous avons remarqué sur quelques portes des sculptures assez grossières, des lions à peine reconnaissables, des plantes, des guirlandes de fleurs, dans le goût persan. Le type n'est pas aussi fin qu'à Nazareth. Le visage est large, les yeux petits, le nez gros et épaté, les pommettes saillantes.

Evidemment nous sommes en présence d'une race étrangère, différente des Cananéens. D'où viennent ces Métoualis ? Au point de vue religieux, il n'est pas difficile de leur assigner une place à peu près certaine. Ils appartiennent, comme les Persans, à la secte des Chiites, qui accorde à Ali un rang égal à celui du Prophète lui-même.

Le docteur Lortet, grâce à sa qualité de médecin et, j'ajouterai aussi, à son extrême bonté native, a pu les étudier d'assez près lors d'un séjour qu'il fit aux environs de Tyr, à Hanaouèh, où il s'était installé pour pratiquer des fouilles. Les habitants du village, réputés féroces, ne tardèrent pas à s'apprivoiser, et le fils du Cheïkh vint lui-même lui faire ses offres de service. Au bout de quelques jours, le docteur français et le terrible Metouali étaient les meilleurs amis du monde, et les malades accouraient en foule pour consulter le docteur. Les symptômes du fanatisme religieux se manifestaient surtout lorsque le patient devait donner la main au docteur, pour lui permettre de lui tâter le pouls ou recevoir directement les remèdes qu'on leur distribuait. Les Métoualis, en effet, ne boivent ni ne mangent dans le vase qui a servi à une personne étrangère à leur secte, ils refusent de s'asseoir à la même table et se considèrent comme souillés par le moindre contact avec elle. Aussi, pour se préserver d'un contact impur, recevaient-ils les médicaments sur un pan de leur robe. « Le fils du Cheïkh, jeune homme superbe, aux yeux bleus d'une douceur angélique, est venu me chercher pour voir une de ses filles atteinte d'une méningite tuberculeuse. J'ai pu ainsi examiner à loisir l'intérieur de sa demeure. Les chambres sont toutes voûtées, blanchies à la chaux, tenues très proprement, mais ne reçoivent l'air et la lumière que par la porte ; la terre battue forme le sol, et dans un coin de la pièce principale, un fourneau très primitif, construit en terre glaise, sert à faire cuire les aliments avec du charbon de bois. Contre une des parois, un divan en terre, élevé seulement de quelques pouces, recouvert de nattes, est le siège d'honneur destiné aux maîtres de la maison et aux étrangers de distinction. C'est là que gît la petite malade, langée étroitement dans son berceau... La jeune femme, accroupie à côté de son enfant, s'efforce en vain de lui faire prendre le sein. L'affection était évidemment sans remède ; aussi, le lendemain, un ami du chef vint me chercher à la hâte ; la fillette allait mourir. La pauvre mère, âgée seulement de vingt ans et fort belle encore, avait quitté son voile ; entourée de ses longs vêtements bleus, le front, les lèvres, le dos de la main et les avant-bras également tatoués avec de l'indigo, les ongles et la paume des mains colorés en jaune par le henné, immobile, accroupie auprès du berceau, muette et sans larmes, elle ressemblait à la statue vivante de la douleur. »

« Quelques jours après, je vais visiter le cheïkh, magnifique vieillard à grande barbe argentée : il est entièrement vêtu de blanc, sa tête superbe est protégée par un riche keffièh en soie d'un jaune doré. Nous sommes accroupis entre deux fenêtres, sur des nattes recouvertes de tapis, dans l'angle d'une vaste salle, contre les murs de laquelle se trouvent une trentaine de jeunes gens auxquels le maître enseigne les doctrines élevées de la religion. Ces disciples, âgés pour la plupart de quinze à seize ans, paraissent fort attentifs, respectueux et tiennent tous sur les genoux de gros Corans, dont quelques-uns sont des manuscrits d'une grande beauté. »

« Après les politesses et les compliments d'usage, le vieillard s'excuse de ne pouvoir m'offrir le café, car sa religion leur défend de prendre des aliments avec un étranger. Je profite de cette conversation pour lui demander des renseignements sur le peuple métouali, ses origines, sa religion et ses coutumes. Cet homme aimable, très intelligent et qui a reçu une instruction supérieure, répond avec bienveillance et intérêt; mais comprenant que les explications qu'il me donne sont dénaturées quelques fois par mon guide, il prend son encrier, son roseau, et d'une magnifique écriture, fine et très ferme encore, me transmet ce qui suit sur l'histoire et l'origine des Métoualis. »

« En l'année 1297 de l'hégérie, le savant docteur Lortet, accompagné de sa femme, a honoré de sa présence notre village, situé dans le pays de Sour, en Syrie. Lorsqu'il a visité notre école, j'ai eu avec lui un entretien pendant lequel il m'a fait plusieurs questions touchant la religion de Schià (des Schiites) et m'a demandé à quelle époque elle a été implantée dans le pays. Suivant son désir, je lui fais ce court résumé de notre histoire, pour qu'il puisse l'emporter avec lui. »

« Le Schia, rite principal de l'Islam, a été fondé par Ali et par son fils. Ali est le cousin de Mahomet le prophète ; il a été son ministre et son conseiller pendant sa vie ; après sa mort, il a été son exécuteur testamentaire. Il était l'époux de Fathmâ el-Zahara, mère de El-Hassân Ouchoussein. Les descendants du prophète proviennent tous de ce fils de Fathmâ. Le Khalifah n'échut à El-Hassân qu'après trois des compagnons du prophète : il n'est donc par conséquent que le quatrième Khalife de l'Islam. La religion de Schià n'a commencé dans ce pays qu'à l'arrivée à Médine de Abi-Zarr, ami du prophète, à l'époque du règne du troisième Khalife Osman ebd Affan et de son intendant le Maownia de Damas. Osman s'étant brouillé avec Abi-Zarr, l'envoya à Damas auprès de son intendant. Celui-ci le fit habiter dans notre pays, entre Tyr et Sidon, au petit port de mer appelé Sarfend, où Abi-Zarr s'installa. Dans ce village, on lui éleva un mausolée qui existe encore aujourd'hui et qui est le but de nombreux pèlerinages..... Tels ont été les débuts de la religion de Schià dans le pays des Métoualis, douze ans environ après la mort du prophète. »

Telle est la traduction littérale de cette pièce curieuse. Il est bien possible, en effet, que la secte Schiite ait été implantée ici par Abi-Zarr, mais les caractères ethnographiques ne nous permettent pas d'admettre que cette population soit autochthone et il est difficile de méconnaître leur provenance des pays où domina l'influence de la Perse. Les Métoualis, sans cesse persécutés par les Osmanlis, ne sont placés en Turquie que sous la protection, peu efficace du reste, des consuls de Perse. Quand on entre dans leur maison, on y trouve des images en grand nombre, ce qui est aussi opposé que possible à l'esprit sunnite. Ces images sont avant tout le portrait du shah de Perse, puis des scènes du roman persan de Josèphe et de Zuleïkah, du shah Namèh, etc.; enfin, beaucoup se regardent comme des Persans déportés en Syrie. Ce qui est le plus probable, c'est que ce sont des Kurdes, transportés de la haute Mésopotamie, peut-être à une époque fort ancienne, sur les bords de la Méditerranée.

Les Métoualis, de même que toutes les autres races voisines, sont accablés d'impôts. Leur pays porte cependant à chaque pas la trace d'un travail opiniâtre, sur un sol souvent ingrat, et il n'est pas douteux qu'une administration sage et prévoyante rendrait, à ces populations actives et intelligentes, une prospérité qui fuit toujours devant leurs efforts. Le cultivateur, en Syrie, doit payer légalement au premier impôt, le vergo. C'est une redevance annuelle versée entre les mains du propriétaire du sol, c'est-à-dire, de l'Etat. Elle n'est du reste que de 5 piastres par 13 kilogr. de semence, sur une surface de 4 000 mètres carrés. Outre ce premier impôt, fort modéré, le villageois paie une dîme acquittée en nature. Malheureusement, le collecteur ottoman, qui veut rapidement faire fortune et rendre à courte échéance la somme qu'il a payée au pacha pour obtenir sa charge, percevra, au lieu de la dîme, 15, 20 et même 40 %, et de plus, forcera le paysan à payer les fruits qu'il a pu cultiver, le raisin de sa vigne, les pieds de tabac qu'il rencontre autour de la ferme. Le fellah, pour se libérer de ce nouvel impôt, se voit obligé d'aliéner d'avance une partie de sa récolte, et il lui reste juste de quoi ne pas mourir de faim. Le nerf de la culture, le sentiment de la propriété, d'un bien qui est à lui, qui lui appartient sans conteste, lui fait défaut; il ne sème, il ne cultive que pour vivre; en faisant ainsi, il ne s'enrichit pas, il est vrai, mais il appauvrit ses maîtres et il ménage ses forces. Espérons que le gouvernement turc, comprenant mieux ses intérêts, fera place au soleil à ces laborieuses et honnêtes populations du pays de Bcharrèh. Du reste, ce n'est pas seulement en Syrie que les impôts sont lourds, nous en sentons aussi le poids en France, pour des causes différentes, il est vrai, mais qui ne sont pas à l'honneur de la civilisation occidentale. Il y a longtemps que le fabuliste, voulant peindre le malheur du paysan attaché à la glèbe, nous a laissé ce charmant tableau qui est dans toutes les mémoires:

> Sa femme, ses enfants, les soldats, les impôts,
> Les créanciers et la corvée,
> Lui font d'un malheureux la peinture achevée.

Nous acheminant toujours à l'ouest, à travers une succession de collines et de vallées dont je vous épargnerai la description, le pays conservant toujours le même caractère, nous arrivons à *Tibnîn*, forteresse située à 614 mètres d'altitude, chef-lieu du Belad Bcharrèh, bien située sur une colline aux pentes escarpées, qui domine une vallée fertile. C'est l'ancien château du Toron, pris par Hugues de Saint-Omer, vers l'année 1104, et qui a eu la destinée de tous ces châteaux des Croisades, pris, repris et finalement gardés par les Musulmans. Celui-ci, commandant les routes qui, de Tyr, se dirigeaient à travers ce pays de culture pour aboutir ensuite à la route de Damas ou à celle de Gennesareth, a dû être occupé dès les temps de l'invasion cananéenne, mais il n'a rien surnagé de cette antique histoire. Je ne vous le décrirai pas en détail, car tous ces châteaux se ressemblent. Ce sont des murailles plus ou moins épaisses, flanquées de tours aux angles et sur les flancs. L'examen minutieux de ces ouvrages n'intéresse que ceux qui se livrent à des études rétrospectives sur l'architecture militaire. — A notre arrivée, toute la population se porte vers nous, curieuse, mais non indiscrète. On nous regarde avec une sorte d'ébahissement; les enfants surtout s'accroupissent à côté de nous en grand nombre, et quelques-uns finissent par s'approcher pour solliciter le baghchich; notre drogman fait mine de les chasser à coups de fouet, ils partent alors comme une volée d'oiseaux et reviennent quelques minutes après ; à la fin, quand la nuit arrive, ils décampent et nous délivrent de leurs importunités, qui, du reste, n'ont rien de fatigant.

Je suis surpris de voir passablement de blonds et de blondes, comme chez les Allemands. Le docteur Lortet a fait aussi, je crois, la même remarque.

Le soir, à notre tente, après le dîner, nous recevons la visite du Kaïmakan, ou gouverneur du district. Il s'intéresse beaucoup aux questions militaires, et il s'informe tout particulièrement du mode de conscription en France. Nous lui offrons le café, qu'il accepte, et nous passons la soirée très paisiblement, en compagnie de ce fonctionnaire turc, qui paraît jouir d'un caractère fort aimable.

De Tibnîn, nous descendons au nord par un chemin pierreux dans une gorge profonde pour gravir, à l'ouest, des hauteurs d'où l'on aperçoit le promontoire et la ville de Sour. Nous traversons une région de collines cultivées, mais presque entièrement dépourvues d'arbres, si ce n'est çà et là quelques bouquets de figuiers et d'oliviers ; nous remarquons dans un village, sur les portes, les mêmes motifs d'ornementation qu'à Tibnîn. Vient ensuite une succession de collines basses, cultivées, d'aspect blanchâtre. Nous gagnons le ouady Gillo ; un petit ruisseau, dont le cours est marqué par des bouquets de lauriers-roses, y coule en hiver.

Nous faisons halte près de deux gros sycomores, dont l'un mesure 7 mètres et l'autre, 6 mètres de circonférence. Ils ombragent une source, le Aïn el-Ouady Djilo. A gauche, la vallée est fermée par des côtes en pente douce où croissent de beaux mûriers aux larges feuilles. Enfin, nous descendons dans la plaine de Sour, près d'un vieil acqueduc restauré que nous suivons jusqu'à Tyr, où nous allons planter nos tentes sur le bord de la mer.

Tyr. — La ville de Tyr, appelée Sour par les Arabes de la contrée, occupe une presqu'île allongée parallèlement au rivage. Autrefois, ce promontoire devait être, comme à Alexandrie, une île séparée de la terre ferme par un bras de mer, large de quelques centaines de mètres. D'après l'historien Josèphe, ce serait le roi Hiram, l'allié de David et de Salomon, qui aurait étendu par des remblais la partie orientale de l'île, à peu près comme Salomon l'avait fait pour la montagne du Temple, et l'aurait ainsi reliée avec une autre île au sud et avec le continent. Il est vrai que ce travail gigantesque est ordinairement attribué à Alexandre, lorsque le conquérant assiégea Tyr. Le prince macédonien utilisa les débris de la vieille ville pour construire une chaussée qui réunit l'île au continent; il parvint ainsi à arriver sous les murs de la ville insulaire, pour la battre en brèche et la réduire. Tyr expia sa courageuse résistance par une destruction presque complète et l'extermination ou l'exil de ses habitants. Mais longtemps auparavant, sous Nabuchadnetsar, c'est-à-dire au VIe siècle av. J.-C. (587-574), Tyr avait soutenu un siège de treize ans contre le prince chaldéen, et il est difficile d'admettre qu'un chef aussi puissant et disposant d'autant de ressources que le roi de Babylone, arrêté pendant treize ans devant une ville, n'ait pas tenté tous les moyens en son pouvoir pour la réduire; or, de tous ces moyens, le seul efficace, c'est la digue, c'est la puissante terrasse qui permettra aux machines de guerre de s'approcher des murs pour les battre en brèche. Sans cette opération préliminaire, une ville comme Tyr, libre du côté de la mer, défierait Babylone elle-même. Nabuchadnetsar s'est donc servi d'une digue, et, en effet, dans son commentaire sur Ezéchiel, XXIX, saint Jérôme nous l'affirme en termes formels : « *Voyant qu'il ne pouvait assiéger la ville dans les formes, ni en faire approcher les machines de guerre pour ruiner les fortifications, le roi de Babylone employa ses nombreuses troupes à combler le canal étroit qui séparait l'île de la terre ferme. Il dressa sur cette jetée ses batteries, ruina toutes les défenses de la place et l'emporta comme l'avait prédit Ezéchiel.* » Mais il est probable que cet ouvrage gigantesque remontait à une époque antérieure encore. La puissance de Tyr, cette puissance attestée par tant de témoignages, ne peut se comprendre qu'avec un port et un grand port. Or, sans la jetée qui relie l'île au continent, il n'existe et il ne peut exister aucun port à Tyr. Nous n'avons en face de nous et il ne peut jamais y avoir eu autre chose qu'une île ou un groupe d'îles qui s'allongent en face de la côte, laissant un libre passage à la pleine mer ; c'est à peine si quelque barque de pêcheur aurait pu s'abriter et en quelque sorte se cacher dans quelque repli du rocher. Un grand port existait ici avant Nabuchadnetsar ; donc, il y avait une digue, et cette digue créait, par son existence même, deux ports, l'un au nord, ou port sidonien, l'autre au sud, ou port égyptien. Nous acceptons donc avec une pleine confiance le témoignage invoqué par l'historien Josèphe, citant un historien grec, Dius, quand il déclare expressément que le roi Hiram, l'ami et l'allié de David, vers l'an 1000 av. J.-C., relia la ville insulaire avec une autre île au sud et avec le continent. Du reste, si gigantesque qu'il soit, ce travail d'Hiram n'a rien qui doive nous surprendre. A en juger par l'influence qu'il a eue sur Salomon, le roi de Tyr devait être un grand constructeur ; ses architectes, ses maçons, ses charpentiers devaient être les premiers ouvriers du monde, après ceux de l'Egypte. N'oublions pas que c'est lui, Hiram, qui fournit à Salomon, non seulement tout le bois de construction et les flottes nécessaires pour le transporter à Jaffa, mais aussi les ouvriers, et par suite, la direction, la conduite et la méthode du travail. Or le travail prodigieux accompli sur la montagne de Morija, et qui fera du temple de Salomon une des merveilles du monde, présente de singulières analogies avec celui de Tyr. Dans les deux cas, il s'agit tout d'abord de remblais immenses, l'un destiné à niveler une montagne et l'autre à combler les abîmes de la mer. De ces deux travaux, quel est le plus grand et le plus difficile ? Ce n'est pas ici le lieu de le rechercher, mais, ce que nous pouvons affirmer, c'est qu'ils sont dignes l'un de l'autre et qu'ils doivent être l'éclosion de la même pensée, le produit de la même civilisation.

Nous disons donc avec Josèphe que la fameuse chaussée de Tyr, attribuée à Alexandre, est l'œuvre de Hiram. Mais s'il en est ainsi, pourquoi, à deux reprises, des historiens plus récents ont-ils attribué ce merveilleux travail, les uns, à Nabuchadnetsar, les autres, à Alexandre ? C'est sans doute qu'en présence des dangers qui les menaçaient, les Tyriens s'étaient réservé les moyens de couper la digue et de s'isoler du continent, ou plutôt ils ne l'avaient pas fermée. Ils avaient toujours laissé en effet, et cela résulte du témoignage de plusieurs auteurs, même du moyen âge, une sorte de large fossé de communication entre les deux ports, le port du nord et le port du sud, et il faut avouer qu'ils auraient été singulièrement mal avisés, lorsqu'ils firent leur digue, de ne pas se réserver un large fossé naturel, qui les mettrait à l'abri d'une attaque du continent ; d'autant plus que ce bras de mer, en faisant communiquer les deux ports, leur permettait de faire passer aisément leurs navires d'un port dans l'autre, ce qui, dans certains cas, pouvait leur offrir un grand avantage.

Ces deux ports, où se donnaient rendez-vous jadis les flottes du monde entier, sont aujourd'hui presque hors d'usage. Celui du nord, rempli de débris et de vase, ne peut abriter que des embarcations côtières d'un très faible tirant d'eau ; quant à celui du sud, il est complètement ensablé ; mais, même en supprimant par la pensée toute cette accumulation de débris et de sables qui les ont comblés presque entièrement, ces deux ports, avec leurs dimensions actuelles, n'auraient jamais suffi aux exigences du commerce immense de l'antique reine des mers. Aussi, des jetées d'une force et d'une étendue considérable agrandissaient-elles les deux ports en les protégeant contre les vents du large et l'envahissement des sables. Plusieurs archéologues ont nié l'existence de ces môles, signalés déjà par M. de Bertou, mais les explorations récentes de M. le Dr Lortet et de M. Victor Guérin ont levé tous les doutes.

M. Lortet a pu, pendant plusieurs explorations attentives, constater la présence d'une grande digue qui s'étend très loin sous les eaux, du côté du cap Ras El-Abiad, au midi. Ce ne sont point, d'après lui, des rochers corrodés par les flots, mais d'énormes *masses factices, pétries en béton et en moellons de grandeur moyenne.* A certains endroits, on voit de vastes amoncellements de pierres de taille entremêlées d'une quantité incroyable de fragments de poteries.

M. Guérin a fait la même constatation. Sur une barque, mue par deux rameurs qui avaient ordre d'avancer très lentement et de suspendre souvent même le mouvement de leurs rames pour agiter le moins possible la surface de l'eau, M. Guérin a observé attentivement et noté les moindres particularités qui frappaient son attention. Or, il a très formellement reconnu l'existence d'une digue gigantesque, partant de l'un des petits îlots qui avoisinent la pointe S.-O. de la péninsule tyrienne, se prolongeant vers le sud-est, l'espace de 800 mètres environ, puis se dirigeant vers l'est. Il le décrit comme un *long et large mur, soit affaissé sous les vagues, soit découronné de toute sa partie supérieure.*

C'était donc une sorte de large terrasse, très épaisse, qui emprisonnait dans son enceinte une vaste étendue de mer. Il est à peine croyable qu'il ait fallu les explorations récentes de MM. Lortet et V. Guérin pour en mettre l'existence hors de doute, car elle est signalée, à la fin du XVIIe siècle, en 1697, par un voyageur attentif et consciencieux, Henri Maundrell. Celui-ci crut reconnaître une double terrasse qui *ressemble à un môle* et qui s'étend de part et d'autre depuis la pointe de l'île. Cette vaste enceinte paraît avoir eu deux ouvertures principales donnant entrée aux navires.

Mais ce n'était pas assez d'une digue, si puissante fût-elle, pour constituer un port parfaitement sûr, sur une côte droite, sans crique ni enfoncement d'aucune sorte. Par les deux ouvertures de la digue, les vagues auraient bientôt fait, en un jour de tempête, de pousser les bateaux les uns contre les autres et de les briser. Il fallait donc, en avant de ce vaste môle, une autre digue, formant le port proprement dit et s'ouvrant par un passage pratiqué loin des ouvertures du môle. Cette digue intérieure, reconnue aussi par M. Guérin, mesurait environ 500 mètres de long, de l'ouest au sud-est. Elle a été construite avec de *très gros blocs et du béton* qui a acquis la solidité et l'apparence du roc le plus dur. Le long de cette digue, M. Guérin a reconnu un grand nombre de fûts de colonnes, couchés et ensevelis dans les flots.

Une disposition toute semblable, avant-port et port, formés par deux digues, entre lesquelles on constate la présence de nombreuses colonnes renversées dans les flots, se retrouve du côté nord de l'isthme. Mais nous ne les décrirons pas pour ne pas trop dépasser les proportions de la notice que nous pouvons consacrer à la Tyr maritime. Ce que nous venons de dire suffit sans doute pour montrer la grandeur et la magnificence des travaux accomplis pour doter l'ancienne Tyr de ports vastes et sûrs, sans lesquels on ne saurait comprendre le rôle maritime joué par cette ville dans les dix siècles qui précédèrent l'ère chrétienne.

Quant aux palais et aux temples qui embellissaient la ville, au témoignage des auteurs anciens, on n'en retrouve plus rien, si ce n'est peut-être les colonnes que l'on voit à l'ouest, plongées dans les flots. Le seul monument reconnaissable est une église, célèbre, du reste, puisqu'elle passait pour la plus grande et la plus belle de la Syrie. C'est une vieille église des Croisés, fondée par les Vénitiens, et dédiée à saint Marc. Mais elle a pris certainement la place d'une ancienne basilique, élevée par Paulin, évêque de Tyr.

Des fouilles dirigées par le Dr Sepp, dans le but de retrouver le tombeau de Frédéric Barberousse, ont mis à jour plusieurs tombeaux qui avaient été brisés, de superbes fûts de colonnes monolithes, qui ne mesuraient pas moins de 3 mètres de circonférence et $7^{m}60$ de hauteur. On remarque de magnifiques colonnes doubles, formées de deux fûts monolithes parallèles, réunis par leur base et leur sommet, disposition déjà signalée dans les ruines de Tell Hoûm. Elles mesurent 8 mètres de long sur 3 mètres de circonférence. Mais ce qui frappe surtout l'attention, ce sont deux piliers gigantesques, auxquels sont adossées deux demi-colonnes, le tout monolithe, de syénite rose d'Egypte et merveilleusement taillé et poli. L'un d'eux mesure $1^{m}80$ de large sur $8^{m}20$ de long, indépendamment de sa base et de son chapiteau. Ils ont dû être taillés l'un et l'autre dans la Haute-Egypte, et l'imagination reste confondue devant la somme de dépenses et d'efforts qu'il a fallu pour mettre en place des masses pareilles.

Palætyr. — En sortant de Tyr, vers l'est, après avoir franchi plusieurs lignes de monticules sablonneux, qui marquent probablement l'emplacement du triple rempart qui protégeait la ville à l'est, du temps des Croisades, et atteignant l'extrémité orientale de la chaussée dite d'Alexandre, on commence à suivre les ruines du vieil aqueduc qui conduisait autrefois à la ville les eaux du Ras El-Aïn. Ce bel aqueduc, malheureusement coupé en maints endroits, était formé d'arcades cintrées, construites avec de belles pierres de taille. D'énormes statuettes, pendant du haut des voûtes, ajoutent à l'effet pittoresque. On arrive bientôt à Tell Ma'achouq, colline rocheuse que couronne le ouély de Nébi Ma'achouq, élevé peut-être sur l'emplacement du temple continental de Melqart. Cette colline paraît avoir été le point central, le nœud de Tyr et de Palætyr. C'était la colline sainte qui portait le temple consacré à Ba'al (Ma'achouq, le bien-aimé) ou peut-être à Astarté, sanctuaire qui, au point de vue religieux, représentait pour la ville de Tyr, ce qu'était le temple et la montagne de Morija pour Jérusalem. Au Tell Ma'achouq, comme au Morija, aboutissait un aqueduc, et les eaux amenées de loin y formaient comme un petit fleuve où la ville insulaire s'approvisionnait et qui servait aussi aux besoins du culte, comme les eaux des Vasques de Salomon à Jérusalem. M. Renan a, du reste, reconnu, au S. et au S.-O. de Tell Ma'achouq, un ensemble d'aqueducs qui existaient probablement déjà du temps de Salmanasar. De plus, ce qui démontre en outre que Tell Ma'achouq était la colline sainte, c'est que les tombeaux se sont groupés sur les pentes de la colline.

En suivant la ligne du canal, au milieu des jachères et des champs, on arrive, en une heure, aux fontaines abondantes, qui étaient comme les nourricières de Tyr et qui, de tout temps, ont dû être l'objet d'un véritable culte. Pour les élever à un niveau suffisant, les Phéniciens les ont entourées de murailles épaisses de 3 mètres et d'une hauteur de 5 mètres environ au dessus du sol actuel.

Le plus grand de ces réservoirs [1] est de forme octogone et mesure

[1] Il avait 8 mètres environ, du temps de Maundrell, du côté du sud et 5 m 40 du côté du nord.

22 mètres de diamètre. Le mur qui l'entoure, épais de 3 mètres, est fait en cailloutage et revêtu entièrement d'un *ciment très dur*. L'eau atteint le bord de la muraille et, bouillonnant avec force, retombe en faisant tourner les roues d'un moulin. Autrefois les eaux de ces quatre réservoirs étaient recueillies par l'aqueduc antique et amenées à Tell Ma'achouq et, de là, à Tyr. Aujourd'hui, elles fertilisent quelques terres avoisinantes, font tourner quelques moulins, puis se jettent dans la mer. Leur rôle est bien modeste et leur caractère bien amoindri depuis le jour où elles abreuvaient l'orgueilleuse et puissante Tyr. Néanmoins elles subsistent encore après trente siècles et il y a bien peu de monuments en ce monde qui aient fourni une si longue carrière; à ce titre, elles nous ont paru dignes d'être signalées à côté des œuvres mémorables de l'antiquité.

Ce qu'il y a d'étonnant et qui mérite, me semble-t-il, d'être retenu, c'est la persistance de la tradition qui attribue cet ouvrage à Salomon; car ces bassins sont connus sous le nom de Puits de Salomon. Il y a peut-être là comme un souvenir vivant de cette alliance qui rapprocha autrefois étroitement deux des plus grands princes de ces temps, le roi de Jérusalem et le roi de Tyr. Nous avons déjà vu l'analogie des grands travaux entrepris par l'un et l'autre prince pour combler les abîmes de la mer ou pour niveler une montagne. Ici, nous retrouvons une autre analogie; cet aqueduc, empruntant la vie de la capitale a des sources emprisonnées dans de grands et beaux bassins, ne rappelle-t-il pas celui que

Maundrell trouva une profondeur de 30 pieds, soit 10 mètres. — Il y a, dit Maundrell, autour de cette citerne une terrasse de 8 pieds (3 mètres environ) de large. L'on en descend par un degré au midi et deux au nord, dans une autre allée (terrasse?) de 21 pieds de large. Bien que ce bâtiment soit si large par le haut, il ne laisse pas d'être creux (?), de sorte que l'eau passe par dessous les allées (sans doute soutenues par des voûtes); je ne pus atteindre à l'extrémité de cette cavité. Ce vaisseau contient une très grande quantité d'excellente eau que la fontaine y fournit en si grande abondance qu'elle est toujours pleine jusqu'au bord, bien qu'il en sorte un courant semblable à un ruisseau, qui fait aller 4 moulins entre ce lieu-là et la mer. L'ancien conduit de cette eau était à l'orient de cette citerne, par un aqueduc élevé environ de 18 pieds au-dessus de la terre et large de trois. Mais il est bouché à présent et sec, les Turcs ayant fait un passage de l'autre côté, d'où ils tirent une source qui sert à moudre le blé.

L'aqueduc, qui est sec à présent, va près de six pas à l'orient, où il approche des deux autres citernes, dont l'une a 36 et l'autre 60 pieds en carré. Elles ont chacune un petit canal, par lequel elles rendaient autrefois leur eau dans l'aqueduc et, de là, le cours uni des trois citernes allait donner dans Tyr. — (Maundrell, *Voyage d'Alep à Jérusalem*, p. 85).

Salomon avait construit pour amener à Jérusalem les eaux d'une belle source, nommée également Ras el-Aïn, *la tête de l'eau*, recueillie, elle aussi, dans de magnifiques bassins. De part et d'autre, ces eaux aboutissaient au temple; c'est d'abord le temple qu'elles desservaient; c'est pour le Dieu de la nation qu'elles avaient été captées et domptées. Ces rapprochements sont-ils l'effet d'un simple hasard ? Ne sommes-nous pas autorisés à y voir plutôt la confirmation des données de la Bible, nous apprenant combien l'alliance entre David et Hiram avait été solide et féconde.

Saïda. — Partant de Tyr et nous dirigeant au nord, nous suivons d'abord la plage sablonneuse, pour la quitter bientôt et prendre un sentier à droite, qui traverse une plaine bien cultivée, de 2 kilomètres environ de largeur. Nous y rencontrons un campement de Bédouins, établi près des poteaux du télégraphe. Etrange contraste, qui nous choque tout d'abord par cette intrusion de l'Europe scientifique, des fils civilisés de Japhet, sur le domaine authentique des enfants de Sem; mais combien ce contraste doit surtout surprendre et tourmenter, comme une cruelle et menaçante énigme, les fiers souverains du désert !

Près d'un ouély et d'un ancien khân ruiné, nous traversons, sur un pont de deux arches, le Nahr Kasimiyèh, que Maundrell appelle le fleuve *Casimir*. Il paraît qu'il doit son nom de Kasimiyèh (la séparation) à la gorge profonde dans laquelle il coule et qui sépare le Liban méridional ou le pays de Sidon, des terres tyriennes et de la Haute Galilée. Plus près de sa source, à l'est du Liban qu'il contourne, il reçoit le nom de Leitâni. On y voit généralement le Léontès ou fleuve du Lion des anciens; mais cette attribution est loin d'être établie et plusieurs auteurs placent, peut-être avec plus de raison, le Léontès au nord de Saïda.

Bientôt nous arrivons à des ruines qui consistent en beaux blocs de marbre, colonnes renversées, citernes creusées dans le roc, débris innombrables de poteries dont le sol est couvert, mais surtout en de nombreux hypogées, creusés dans le rocher qui, sur ce point, s'avance près de la mer. Ces caveaux funéraires sont presque tous précédés d'un petit vestibule dont l'entrée est tantôt rectangulaire, tantôt cintrée. Ils ne renferment pour la plupart qu'une seule chambre sépulcrale, avec trois auges funéraires évidées dans l'épaisseur du roc. On a signalé, à l'entrée d'une grande grotte, divers emblèmes gravés sur le roc qui semblent se rapporter au culte d'Astarté, et, tout près de là, un petit temple monolithe phénicien, portant de semblables emblèmes. Nous avons donc ici une ancienne nécropole phénicienne, avec sa chapelle funéraire, et, à côté, près de la mer, les ruines évidentes d'une grande ville. Quelques auteurs veulent y voir les restes d'*Ornithopolis*, mais les témoignages ne concordent pas; aujourd'hui, ces intéressants débris portent le nom d'*Adloûn*.

Nous sommes certainement ici sur la terre classique de la Phénicie, la plaine par excellence, habitée, cultivée par les agriculteurs et les ouvriers de Tyr et de Sidon, par toute une population laborieuse, femmes, enfants, vieillards, qui restait là, travaillait, fabriquait la pourpre ou fondait les métaux et le verre, pendant que les vaillants marins couraient la mer, emportant au loin les produits fabriqués pour les échanger contre les richesses de la Grèce, de la Gaule ou de l'Ibérie. Le pied foule, pour ainsi dire à chaque pas, les anciennes poteries et les verres de Tyr. C'est ici surtout qu'on les fabriquait, un peu plus loin, à Sarfend, colonie de Sidon, *Sarfend la Sidonienne*, dit la Bible, l'ancienne Sarepta, illustrée par le séjour d'Elie. Sarfend, Sarepta, a pour racine *Saraph* qui veut dire *fondre*. Les ruines de cette antique cité s'étendent le long de la plage, sur une longueur de plus de 1 800 mètres et consistent en belles pierres de taille, tronçons de colonnes, restes de chapiteaux, anciens murs d'une épaisseur énorme, qui sans doute entouraient autrefois la ville, débris de poteries, etc. Ce qui prouve, outre ces restes considérables, diminués du reste depuis des siècles par le pillage incessant des habitants de Tyr et de Sidon, l'importance de cette ville, c'est l'existence d'un ancien aqueduc, qui y amenait les eaux d'une belle source voisine, le *Aïn el-Qantarah*, et surtout celle de quatre réservoirs antiques, bâtis d'après le même système que ceux de Ras el-Aïn, et qui se trouvent plus au N., à 3 kilomètres environ. Si on ne voit pas à Sarepta des restes plus importants, c'est que cette ville n'a jamais été qu'une dépendance de *Sidon*, une sorte de colonie intérieure, de grand atelier, qui fournissait aux besoins d'un immense commerce. C'est à peine si aujourd'hui, de ces ouvrages immenses, qui suffisent pour immortaliser une ville, comme le temple de Salomon à Jérusalem ou les chaussées d'Hiram à Tyr, il reste des ruines reconnaissables; l'énormité des matériaux et la perfection du travail ont seules permis à ces grands monuments de résister aux furieux assauts des conquêtes ou des révolutions, aux ébranlements du sol ou à la morsure implacable du temps. Mais, pour les autres villes, quelque grand qu'ait été leur rôle, elles ne pouvaient résister à ces causes de destruction, et elles ne nous offrent que des débris.

Sidon. — Ce qui frappe d'abord dans l'aspect général de Sidon, au point de vue topographique, c'est sa grande ressemblance avec Tyr. Ici nous trouvons encore un rocher de 6 à 700 mètres de longueur, qui s'étend à peu près parallèlement à la côte, avec laquelle il est réuni, soit par une sorte de langue naturelle, soit par une digue artificiellement construite.

Ici, en effet, une baie, qui se creuse au S.-E. de la presqu'île, donne naissance à un port méridional, qu'on appelait *port égyptien*, assez faiblement défendu, du reste, contre les vents du large; tandis qu'au nord, une ligne presque ininterrompue de récifs se dirigeant de la pointe N. de l'île, parallèlement à la côte, jusqu'à un îlot éloigné de 600 mètres, formait un port excellent, bien abrité et assez vaste pour contenir une flotte. Sur ces récifs, aplanis artificiellement comme à Tyr, on avait assis de gros blocs rectangulaires, dont quelques-uns sont encore en place, couverts de plantes parasites, laissant échapper partout des ruisselets qui déposent d'épaisses stalactites.

Un emplacement si naturellement propice à la création d'un port a dû être choisi dès les premiers jours de l'occupation cananéenne, et ce fait confirme la donnée de la Bible qui fait de la métropole tyrienne la fille de Sidon. Cette ville remontait, selon Joseph, à Sidon, fils de Canaan (*Gen.* X, 15).

Dans tous les cas, nous savons qu'au moment de l'invasion des Hébreux, c'était une cité importante, désignée dans les livres de Josué sous le nom de *Grande Sidon*. Homère vante l'habileté des Sidoniens (vers l'an 900 avant J.-C.) : *Aussitôt, le fils de Pélée place d'autres prix destinés à la rapidité de la course, et d'abord un cratère d'argent bien ciselé, qui contenait six mesures, et dépassait de beaucoup en beauté tous les autres vases de la terre, car c'était l'œuvre d'habiles Sidoniens, qui l'avaient travaillé avec soin, et les Phéniciens l'avaient apporté sur la vaste mer*. Dans l'odyssée, quand Ménélas veut offrir à Télémaque ce qu'il a de plus précieux, il lui promet un riche cratère d'argent aux bords dorés, ouvrage de Vulcain. *C'était un don du roi Phédime, roi des Sidoniens.* Il est vrai qu'après la défaite de l'escadre sidonienne et la prise de la ville par les Philistins, l'hégémonie passa de Sidon à Tyr, et à partir de ce moment, la décadence commença pour la métropole sidonienne. Elle fut même détruite, après une révolte, par le roi assyrien, Assour Akhi-Edin, ses grands égorgés, le roi et les habitants transportés en Assyrie et remplacés par des colons venus de la Chaldée et de la Susiane. Mais elle paraît s'être relevée de ses ruines, sous la domination persane et, coalisée avec l'Égypte, elle essaya de secouer le joug d'Artaxerxès Ochus, l'an 351 av. J.-C. Ochus rassembla une armée de 300 000 fantassins; plus de 40 000 personnes périrent dans les flammes.

Nous ne pouvons pas suivre en détail l'histoire de cette ville célèbre, d'autant plus que cette histoire se confond, dans ses traits généraux, avec celle de toutes les villes de l'Orient, se débattant sous l'étreinte successive des grandes nations conquérantes et finissant par perdre, au milieu de ces révolutions sanglantes, non seulement toute vigueur et toute prospérité, mais presque jusqu'au souvenir d'elles-mêmes. Au XIIIe siècle, le moine Burchard vante la grandeur de l'ancienne ville, reconnaissable aux ruines encore imposantes qui s'étendaient le long de la plaine, entre la mer et le Liban. Plus près de nous, à la fin du XVIIe siècle, le chapelain H. Maundrell signale un grand nombre de beaux piliers épars dans les jardins hors des enceintes de la ville, et de nos jours encore, en fouillant tant soit peu le sol, on met à jour les arasements de constructions anciennes, restes des édifices qui s'étendaient bien loin au nord, à l'est et au sud.

Sit transit gloria mundi. De cette cité fameuse, de cette altière dominatrice des mers, il ne reste, selon la prédiction du prophète Esaïe, pas même quelques ruines, à peine quelques traces authentiques de ces monuments, qui doivent bien plus à la nature qu'aux hommes : la ceinture inébranlable de ses récifs, qui fermaient son port et la rendaient inviolable du côté de la mer, peut-être quelques *pierres à bossage* dans son *château de la mer*, le Qala'aṭ el-Bahr, vingt fois détruit, vingt fois remanié et, sur la grève, des monceaux de coquillages dont elle retirait la pourpre précieuse, aux reflets chatoyants. Voilà tout ce qui parle encore à nos yeux de l'ancienne Sidon. De ses temples, de ses palais, de ses forteresses, de ses digues colossales établies sur les rochers, plus rien. Le silence règne dans son port abandonné, comblé par la brutale prévoyance d'un Fakr ed-Dîn et, dans les anses taillées au ciseau, où s'abritaient ses galères, les femmes de Sidon viennent se baigner en pleine solitude et comme dans un désert.

Cependant, il n'est pas possible qu'une antique ville d'Orient n'ait pas laissé quelque chose d'elle, en dehors des souvenirs que l'histoire a recueillis. Les anciens faisaient à leurs morts des demeures plus durables que celles des vivants, et en cela ils observaient mieux que nous le culte des souvenirs de la famille. Saïda avait donc sa nécropole creusée dans les rochers. On l'a retrouvée. M. Renan, dans sa remarquable mission de Phénicie, aidé du docteur Gaillardot, l'a fouillée et étudiée avec beaucoup de soin, en 1861 et 1862. On a pu mettre à jour une centaine de caveaux funéraires dont les formes différentes peuvent rentrer dans quatre séries distinctes, creusés dans le roc, et qui offrent souvent un puits vertical rectangulaire de 8 à 9 mètres de profondeur, au fond duquel est le caveau. C'est dans une de ces tombes qu'a été découvert, le 20 février 1855, par un agent de M. Pérétié, alors chancelier du consulat de France à Beyrout, le fameux tombeau d'Esmounazar, dont le duc de Luynes fit l'acquisition pour le donner au Louvre. Ce sarcophage, creusé dans une belle pierre noire imitant le basalte, est, comme tout le monde le sait, de forme égyptienne et semblable à une caisse de momie, figurant un corps enveloppé jusqu'au cou d'épaisses bandelettes et dont la tête sculptée, avec sa large coiffure, sa barbe droite et nattée, reste seule à découvert. Le couvercle présente dans toute sa hauteur une inscription de 22 lignes, écrites en caractères phéniciens, gravés en creux, parfaitement conservés. En voici un extrait d'après la traduction de M. Renan :

« Dans le mois de Boul, en la quatorzième année du règne du roi Esmounazar, roi des Sidoniens, fils du roi Tabnith, roi des Sidoniens, Esmounazar, roi des Sidoniens, parle ainsi :

» J'ai été enlevé avant mon temps, n'ayant vécu que peu de jours; orphelin, fils de veuve, me voilà couché dans ce sarcophage, dans ce tombeau, dans ce lieu que j'ai bâti.

» J'adjure tout personnage royal et tout homme de ne pas ouvrir cette couche, et de ne pas chercher de trésors là où il n'y a pas de trésors, de ne pas enlever le sarcophage qui me sert de couche, et de ne pas surcharger cette couche, de la cella d'une seconde couche. »

« C'est moi, en effet, Esmounazar, roi des Sidoniens, fils du roi Tabnith, roi des Sidoniens, petit-fils du roi Esmounazar, roi des Sidoniens, et ma mère, la reine Ammaschtoreth, prêtresse de Notre-Dame Astarté, fille du roi Esmounazar, roi des Sidoniens, qui avons bâti les temples des Dieux, savoir : le temple d'Astarté à Sidon maritime, et qui y avons installé Astarté en grande pompe. Et c'est nous qui avons bâti un temple à Esmun (?), le sanctuaire de la source de Ydlah sur la montagne, et qui l'y avons installé en grande pompe. Et c'est nous qui avons bâti des temples aux dieux des Sidoniens dans Sidon maritime, savoir : un temple à Baal Sidon et un temple à Astarté nom de Baal.

» Et ainsi le maître des rois nous a donné Dora et Joppé, l'excellente terre à blé qui est dans la plaine de Saron, en récompense des grandes choses que j'ai faites, et il les a annexées aux frontières du pays pour qu'elles appartiennent aux Sidoniens à jamais.... »

Il résulte de ce document précieux qu'au moment où vivait Esmounazar, la Phénicie était tributaire d'un grand prince, nommé le maître des rois, et qui n'est probablement autre que le roi de Perse; que, de plus, la distinction entre Sidon maritime et une autre Sidon y est expressément marquée; enfin, que le roi des Sidoniens était un jeune prince qui employait sa puissance et ses trésors à relever les temples des dieux dans sa patrie. Quant au prince lui-même, il vivait probablement au VIe siècle av. J.-C.

Il serait certainement intéressant, Mesdames et Messieurs, de parcourir avec vous les nécropoles sidoniennes, mais le temps nous presse. Jetons, si vous le voulez, un coup d'œil sur la ville, visitons rapidement la tour dite de Saint-Louis, la muraille ruinée, le château de la mer, où l'on arrive par un pont qui rappelle, paraît-il, le pont d'Avignon, sauf que tout le monde n'y passe pas, et qui a pris la place d'un ancien môle. On y remarque une tour carrée, colossale, mesurant 27 mètres de côté sur 23 mètres et dont les soubassements rappellent, par quelques traits, l'âge de Hiram et de Salomon, ou plutôt l'âge phénicien. Jetons un coup d'œil sur ce port obstrué, sur les récifs qui le bordent et, rentrant en ville, allons nous reposer un moment et recevoir l'hospitalité affable du consul de France et de sa famille, dans un grand bâtiment que l'on appelle le *Khân français*, élevé, au XVIIe siècle, par l'émir druse Fakhr ed-Dîn, qui, s'étant pris d'une vive amitié pour notre compatriote, le consul d'alors, le Chevalier d'Arvieux, fit construire, pour celui-ci et pour sa nation, ce grand édifice, destiné à faciliter et à étendre le commerce de la France avec le Levant. Le Khân est encore conservé. Nous y trouvons un petit couvent franciscain, des écoles, une pharmacie, une fontaine, même un embryon de musée, et, ce qui vaut encore mieux, un accueil empressé chez le consul français, qui faisait commerce d'antiquités et nous vantait beaucoup, peut-être trop, sa marchandise.

Avant de quitter la ville, nous ferons, si vous le voulez bien, une petite promenade dans les jardins qui l'entourent de tous côtés. Rien de plus gracieux, rien de plus frais, au sortir des ruelles étroites, banales et souvent sales de la cité. Ce ne sont partout que champs d'orangers et de citronniers, entremêlés d'arbres fruitiers d'Europe : pommiers, grenadiers, etc. Comme arbres d'agrément, des tamarins, des acacias, des sycomores, au-dessus desquels s'élève, çà et là, la touffe gracieuse d'un palmier. Les fruits que l'on y récolte passent pour les meilleurs de la Syrie, les oranges y sont plus fines et plus juteuses que celles de Jaffa. Les mûriers y abondent et y sont superbes. Aussi plusieurs filatures de soie ont été établies à Saïda et y prospèrent. Les jardins sont arrosés par un aqueduc qui amène l'eau du Nahr el-Aoulèh

La ville possède 10 000 habitants, dont 7 000 environ musulmans, 15 à 1 800 grecs catholiques, un millier de maronites et quelques juifs. Chacune de ces communions y entretient des écoles et des orphelinats.

La valeur des produits exportés par le port de Sidon est encore assez considérable, malgré la petitesse de la ville, et laisse entrevoir la possibilité d'un avenir prospère, dans le cas où l'on se déciderait à draguer le petit mais admirable port, dont la nature a fait, pour ainsi dire, tous les frais. Ce sont surtout les raisins cueillis sur les vignobles des collines environnantes, les grains, le coton, la soie, les noix de galle et la soude, provenant de l'incinération des plantes de *Salsola,* que les Bédouins récoltent dans le désert syrien. Des commissionnaires, qui parcourent à certaines époques de l'année les vallées du Liban, vont chercher les noix de galle, dont les plus estimées proviennent des environs d'Alep. L'élevage du ver à soie, qui se fait en pleine campagne, commence au milieu du mois de mai. A ce moment, les yeux sont partout frappés d'un spectacle champêtre, plein d'attrait. La population émigre sous les arbres des jardins et s'abrite sous des abris plus légers que des huttes; les femmes travaillent autour des industrieux insectes, protégées par ce léger treillis et mieux encore par l'honnêteté publique, contre toute curiosité indiscrète.

Beyrout. — A partir de Saïda, un court trajet, au Nord, le long de la plage nous conduit au Nahr el-Aouélèh, le gracieux *Bostrenus,* près duquel le vieux poète Dionysius Périégètes place « Sidon la fleurie ». Au bout de trois heures de marche environ, nous atteignons *El-Djiyèh* ou

Khân-Nébi-Younâs, où quelques tronçons de colonnes retrouvées marquent l'emplacement d'une ville antique qui serait, d'après les identifications faites par Robinson et par M. de Saulcy, l'ancienne *Porphyrion*, ainsi nommée sans doute à cause de la pêche de la pourpre, qui se faisait avec activité sur cette partie de la côte phénicienne. Nous passons sur un pont, le *Nahr ed-Damoûr*, l'ancien Tamyras, qui est peut-être le fleuve Léontès des anciens. La plaine qui s'étend sur la rive droite de ce fleuve, arrosée par de nombreux petits canaux, est littéralement couverte de plantations de magnifiques mûriers, depuis la montagne jusqu'à la mer. Nous mesurons ici des feuilles de mûriers qui ont 20 cent. de longueur sur 14 cent. Nous faisons halte sous un de ces beaux arbres; un homme s'approche de nous poliment et nous invite à entrer chez lui; nous acceptons avec grand plaisir, d'autant plus que le charme qui se dégageait de toute cette belle plaine exubérante de vie nous disposait à la confiance, et nous voilà dans une chambre très propre, blanchie à la chaux, assis sur des nattes. Notre hôte nous apprend que Damoûr est un village maronite, formé de chrétiens fugitifs échappés aux massacres des Druses, en 1860, et venus des environs de Tripoli.

A une demi-heure de Damoûr, à *Burghaldèh* nous nous arrêtons à des ruines importantes. Nous trouvons une grande quantité de sarcophages en pierres du pays et bien conservés, de 2 m 30 de longueur environ, avec des couvercles en dos d'âne; quelques-uns ne sont même pas entièrement détachés du rocher; nous en avons compté plus de cinquante, sur lesquels quatorze sont creusés dans le rocher même. En remontant les flancs de la colline, nous avons trouvé des grottes également creusées dans le roc, qui devaient faire partie d'une nécropole, et dans le torrent qui borde la colline au N., un pan de mur ancien, construit en belles pierres taillées; dans le ravin, nous avons trouvé des restes de mosaïque. Bientôt nous apercevons à notre droite les sommets du Liban couverts de neige et nous traversons au N.-E. une plaine cultivée, mais envahie par les sables contre lesquels la défendent mal des haies de cactus et de nombreux murs en terre; nous entrons enfin à *Beyrout*.

Au point de vue historique, Beyrout n'offre qu'un intérêt fort secondaire, en comparaison de ces grandes cités qui s'appellent Tyr et Sidon. Le golfe est peu propre à l'établissement d'un port et il n'offrait pas ces îlots protecteurs dont il fallait compléter la défense par des travaux, gigantesques, il est vrai, mais qui n'étaient pas au dessus des moyens de l'antique

Phénicie. Ouvert de tous côtés, il est livré sans défense à tous les vents du large. Aussi, sans nous arrêter aux quelques points qui paraissent acquis dans l'histoire de Beyrout, nous nous contenterons de rappeler la figure originale de Fakr ed-Din, l'émir druse qui, pour se défendre, a malheureusement encombré le port de Saïda. Ici il a fait, au contraire, une œuvre de salut; car c'est à lui que l'on attribue l'admirable forêt de pins qui seule préserve Beyrout contre l'envahissement des sables. Si cette ville existe encore, si même elle s'est agrandie, pour le plus grand avantage du Liban et de la Syrie toute entière, c'est à l'émir druse qu'elle le doit.

Du haut d'une des collines qui entourent la ville, par exemple de la hauteur d'Achrafyêh, où s'élève le couvent des sœurs de Notre-Dame-de-Nazareth, sur l'emplacement d'un ancien temple de Jupiter, on jouit d'une vue célèbre, à bon droit, par son étendue et sa magnificence, non moins que par la richesse du panorama et l'admirable harmonie des teintes. A l'est et au sud, au delà des forêts de pins et de la plaine plantée d'arbres, la montagne élève ses terrasses cultivées et ses rochers d'un gris sombre, dominés par des bois de chênes ou de pins. Les villages s'y pressent à des hauteurs variables, aisément reconnaissables à la blancheur des maisons, qui tranche vivement sur la verdure de la montagne. Au nord, la baie de Saint-Georges arrondit sa ligne gracieuse marquée d'une frange argentée et se rapproche des dernières pentes du Djebel Sannîn, vers le promontoire du Ras Nahr-el-Kelb. Plus loin, une autre langue de terre cache l'embouchure du Nahr-brahim ou fleuve Adonis. Au S.-O. les pins s'avançent en groupes serrés au devant des dunes rougeâtres et, derrière la ville, la mer, ordinairement calme, semblable à un lac d'un bleu foncé, s'étend sous une coupole d'un azur pâle. Enfin, tout autour de la rade, la ville étage ses maisons entourées de jardins, parmi lesquelles on distingue un grand nombre de constructions, églises, couvents, hôpitaux, casernes, khâns, etc.

Dans l'intérieur, la ville, agrandie de nouveaux quartiers, offre aujourd'hui un aspect européen, et il faut s'enfoncer dans les vieux quartiers pour retrouver l'enchevêtrement des ruelles étroites et pittoresques, souvent malpropres, il est vrai, que présentent les villes de l'Orient. Les transports s'y font encore avec des ânes, des mulets ou des chameaux. Les bazars ne nous arrêteront pas, car ils sont loin de rivaliser avec ceux de Damas.

La population de Beyrout est de 80 000 environ, dont la moitié à peu près sont musulmans. On y compterait 15 000 maronites, 12 ou 13 000 grecs orthodoxes, quelques grecs unis, 5 000 juifs et plusieurs centaines de protestants.

Nous n'entrerons pas dans l'analyse des différentes œuvres entreprises par les missions des diverses communions chrétiennes, d'abord parce que cela nous ferait sortir de notre objet, qui est surtout l'étude de la terre syrienne, avec ses monuments, ses coutumes et ses types, et ensuite parce qu'une telle recherche, très délicate, du reste, doit s'appuyer sur des renseignements positifs que nous ne possédons pas.

Damas. — Il nous reste maintenant, pour terminer notre promenade, que j'aurais voulu rendre à la fois plus courte et plus attrayante pour vous, à atteindre Damas et à nous y reposer, après l'avoir visitée, au moins sommairement. Nous ferons très prosaïquement notre voyage, et, de nuit encore, par une diligence qui fait le service sur une belle route carrossable, longue de 112 kilomètres, construite par un Français, M. de Perthuis, la meilleure et la mieux entretenue qui existe en Syrie. Ce voyage de nuit aura l'avantage de me dispenser de vous décrire la route, très pittoresque, il est vrai, mais qui ne nous offrirait que peu de monuments. Et nous voici tout de suite dans la capitale de la Syrie, à Damas.

On raconte que Mahomet, parvenu aux portes de Damas, voyant se dérouler sous ses yeux cette ville aux cent minarets, épanouie dans sa fraîche oasis, tourna bride en s'écriant qu'il n'y avait pas deux paradis pour lui et que son paradis était au ciel. Et le prophète musulman fut peut-être bien inspiré en fuyant les délices de cet Eden, qui aurait pu devenir fatal à son génie et à sa mission. Ce qui distingue Damas, c'est moins le rôle qu'elle a joué dans l'histoire des peuples que l'éclat de son luxe, de son industrie, de ses arts. Elle n'a pas, comme Tyr et Sidon, la mer devant elle, comme un appel aux audacieuses entreprises ; elle n'est pas, comme Le Caire, assise sur un fleuve immense, recueillant les produits d'un continent ; elle n'a pas eu, comme Jérusalem, ce rôle auguste d'être la capitale religieuse d'une grande partie du monde. Isolée au milieu de ses déserts, ne demandant qu'à vivre et à se laisser bercer au murmure de ses eaux, elle a toujours été un asile, une terre privilégiée pour le commerce et l'industrie.

Damas est située dans une vaste plaine ouverte du côté de l'est et du sud, vers le désert, et serrée au nord et à l'ouest par des montagnes qui bornent d'assez près la vue. Grâce au Barada, *le Chrysorrhoas, le fleuve d'or* des anciens, qui s'échappe d'une gorge de l'Anti-Liban, la plaine de Damas est la mieux arrosée et la plus délicieuse de la Syrie. Les eaux du Barada, divisées en d'innombrables canaux, vont répandre partout la fraîcheur et la vie. Des règlements de date immémoriale et d'une minutie incroyable règlent la répartition des eaux entre les différents propriétaires et les maisons, dont chacune a une fontaine. Les poètes arabes n'ont rien exagéré en vantant la fraîcheur des vergers, la variété des fruits, l'abondance des eaux et la limpidité admirable des sources.

Mais il ne faudrait pas s'attendre à trouver dans les jardins de Damas des parterres de fleurs, ou des parcs disposés pour le plaisir des yeux, comme nous les aimons et les recherchons en Occident. Le Syrien est avant tout calculateur comme devait l'être l'antique Phénicien, et, dans l'agréable, il poursuit l'utile. Aussi les jardins de Damas ne sont que des vergers plantés en amandiers, figuiers, pêchers, grenadiers et abricotiers; les derniers surtout, qui sont superbes, paraissent recherchés à cause de l'excellent produit qu'on en retire; on fait sécher à moitié les abricots au soleil, puis on les comprime entre deux plateaux, alors qu'ils sont encore un peu humides, et on obtient ainsi une pâte qui forme une espèce de carton rougeâtre. Ce produit, d'un transport facile et commode pendant les grands voyages, est emporté par toutes les caravanes qui se rendent à La Mecque et à Bagdad.

Le soir, pendant les fortes chaleurs de l'été, toute la population sort de la ville et se répand dans les vergers ou dans les jardins publics, au milieu desquels sont des cafés arabes, qui sont brillamment illuminés chaque soir, ombragés de grands arbres et sillonnés de ruisseaux limpides. Sur des estrades élevées sur des pieux, à 2 mètres au dessus du sol, les Damasquins s'étendent nonchalamment pour fumer et prendre le café, et à vrai dire, nous ne saurions pour cela les accuser de mollesse, car, après les journées accablantes de l'Orient, le corps éprouve un invincible besoin de délassement et de fraîcheur.

Damas est la capitale de la Syrie et la ville la plus considérable de la Turquie d'Asie. Le pacha de Damas est un des premiers de l'empire, en sa qualité de conducteur de la caravane sacrée de La Mecque, Emir-el-Hadj. De plus, la ville est la résidence du Séraskîer, ou commandant en chef de l'armée de Syrie. La population est de 140 à 150 000 habitants, dont 75 000 musulmans environ; le reste se compose de chrétiens grecs, syriens, arméniens, maronites; les latins et les protestants y sont en très petit nombre; les juifs y comptent environ 5 000 personnes.

Pas plus que les autres villes de l'Orient, Damas ne tient ce qu'elle semble promettre. Quand on l'a vue se dérouler à ses pieds dans toute sa magnificence, au milieu de sa fraîche oasis, on éprouve une grande déception à parcourir ses rues étroites, obscures, sales, bordées de maisons délabrées, aux murailles faites de boue et de paille hachée. Mais c'est ici qu'il ne faut pas juger des choses sur la première apparence. C'est au prix de cette sorte d'abandon que nous pouvons saisir sur le vif le véritable Orient, qui s'altère et s'évanouit au contact des procédés de l'Europe, comme un parfum léger au souffle d'une brise âpre et forte. C'est grâce à son éloignement du mouvement européen que Damas a conservé au plus haut degré le caractère oriental qui frappe au premier abord. Elle a quelque chose de la grandeur sauvage et mystérieuse du désert qui, de ses portes, s'étend au loin vers l'est. La population se distingue par la beauté des traits, la noblesse des formes et la pureté du type. Elle n'offre pas, comme à Constantinople, cette variété de types, résultat d'un immense mélange de races. Cette originalité se retrouve aussi dans le costume; on ne voit guère ici notre vêtement européen, peu gracieux, ni celui des Turcs de la réforme. Les rues, les bazars fourmillent d'une foule pittoresque et bigarrée, au milieu de laquelle glissent comme des fantômes les femmes couvertes de leurs longs manteaux et le visage caché soigneusement par un voile, quelquefois par un voile noir, percé de deux trous pour les yeux.

Nous avons pu visiter, à Damas, deux ou trois de ces maisons anciennes, célèbres pour la beauté de l'architecture arabe. Au dehors, bouges et palais présentent la même apparence. Mais derrière ces murs misérables, se cachent des habitations élégantes où l'imagination arabe a déployé ses plus riches fantaisies. La partie la plus originale de ces maisons est une cour qui communique avec la rue par un corridor étroit et voûté. Au milieu s'élève un bassin dont les parois extérieures sont revêtues de plaques de marbre. L'eau y arrive par des siphons de formes diverses. Sur la corniche sont placés des vases de fleurs; le tout est gracieusement ombragé par un saule pleureur, par des orangers ou des citronniers entremêlés de massifs de roses et de myrtes touffus. Sur une des faces de la cour, s'ouvre une grande baie ogivale qui forme une espèce de portique entouré d'un divan.

Les appartements intérieurs ne sont pas indignes de cette gracieuse entrée. Le pavé des salons est ordinairement formé de deux plans d'inégale hauteur; la première partie renferme un bassin avec un jet d'eau; le second plan, auquel on arrive par deux ou trois marches, est couvert de nattes d'Egypte ou de tapis de Perse et entouré d'un large divan. Les parois des murs sont revêtues, selon la richesse du propriétaire, de boiseries ou de plaques de marbre découpées en arabesques légères, peintes de couleurs brillantes et rehaussées de moulures d'or. Le plafond, à caissons en bois de noyer, est orné d'une rosace qui renferme dans ses replis de petits miroirs. Les parquets, d'une richesse extrême, sont formés par les marbres et les brèches les plus rares. Du reste rien ne saurait donner une idée de l'art délicat qui a présidé à cette ornementation. Malheureusement le goût est en pleine décadence et l'on est choqué de voir, au milieu de ces merveilles d'autrefois, des meubles d'un goût détestable, des consoles en acajou Empire, des boules en verre de Bohême, et jusqu'à des lampes à pétrole!

Après les palais, ce que la ville offre de plus intéressant ce sont les bazars, beaucoup moins beaux, mais plus riches que ceux de Constantinople. Il n'y a en réalité qu'un bazar, qui se compose d'une quantité de ruelles enchevêtrées, de carrefours, de khâns, de réduits obscurs, de cours inondées de lumière. Nous ne les décrirons pas; aussi bien tout le monde connaît aujourd'hui, par les gravures, ce qu'est un bazar d'Orient. Ce qu'on ne saurait rendre, c'est la fraîcheur et le calme dont on y jouit. On y trouve de belles étoffes de soie rayées de diverses couleurs et destinées à faire des abayes de luxe pour les hommes; d'autres à grands ramages et à fleurs, réservées pour les tuniques des femmes; des ceintures rayées ou rouges, très longues, enveloppant le corps dix à douze fois, des kouffièhs, ces coiffures légères que les hommes et les femmes portent gracieusement enroulées autour de la tête, des selles en maroquin rouge, des brides élégamment ornées. Tout cela forme un fouillis splendide digne du pinceau d'un Decamps. Nous n'avons pas la prétention de décrire, ni même d'indiquer, toutes les richesses accumulées dans ces bazars, bijoux exquis, filigranes, supports de tasses à café, plateaux, bagues, manches de poignard, tables, coffres, armes, faïences, cuivres. Il faudrait une conférence spéciale pour entrer dans le monde des *Mille et une nuits* et des connaissances que je suis loin de posséder. Devant tant de richesses, je me contente d'admirer, et cela pour plusieurs raisons.

Il y aurait beaucoup d'autres choses curieuses à voir à Damas, mais nous terminerons cette trop longue promenade par la visite de la *Grande Mosquée*. On peut bien l'appeler la grande mosquée, car, dans sa forme actuelle, elle mesure 160 mètres de long sur 105 mètres de large, ce qui fait une superficie d'un hectare et demi environ. C'était autrefois une église, l'église de Saint-Jean-Baptiste, restaurée par Arcadius, fils de Théodose, à la fin du IVe siècle (395-408), et, à en juger par les restes romains trouvés près de la cathédrale, cette église elle-même aurait pris la place d'un temple, qui n'aurait pas eu moins de 365 mètres de long sur 250 mètres de large. Ce qui est curieux, c'est que, lors de la prise de la ville par les Sarrasins, l'église fut partagée entre les chrétiens et les musulmans; mais ces derniers s'en emparèrent totalement sous le règne du khalife Ouelid.

Le sanctuaire se compose d'une grande cour rectangulaire à portiques, dont le côté sud est occupé par la mosquée proprement dite. Celui-ci a conservé tous les caractères de l'ancienne basilique. Il mesure environ 140 mètres de long sur 40 mètres de large. Il est divisé en trois nefs parallèles, recouvertes par des toits à fronton triangulaire et soutenues à l'intérieur par une double colonnade d'ordre corinthien. L'édifice est coupé en deux parties égales par un transept à fronton triangulaire au milieu duquel s'élève une belle coupole, soutenue par quatre piliers carrés. Les murs du transept et les piliers sont revêtus de magnifiques plaques de marbre. La coupole porte encore des traces de belles mosaïques anciennes, la plupart représentant des arbrisseaux.

Au nord de la mosquée s'étend la cour. Elle est entourée d'une galerie couverte, supportée par des arcades reposant sur piliers carrés, décorés d'ornements polychromes variés et d'un bel effet. Au centre de la cour s'élève une jolie fontaine, surmontée d'une coupole octogonale, que supportent huit gracieuses colonnettes. Au dessus de la mosquée s'élèvent trois minarets, dont l'un porte le nom de *Médênet' Yça* (minaret de Jésus), parce que, d'après une tradition musulmane, c'est sur ce minaret que Jésus descendra, lors de sa dernière venue, pour entrer ensuite dans la mosquée et y appeler tous les hommes en jugement.

Malgré ses dimensions imposantes, la mosquée de Damas est loin de produire autant d'effet que celle d'Omar, à Jérusalem. Cela tient d'abord, pensons-nous, à ce qu'elle est enclavée et comme étouffée dans les constructions modernes, mais surtout au manque d'unité, qui frappe à première vue, dans ses dispositions générales et dans le détail de son architecture.

De magnifiques restes d'arcs de triomphe romains qui précèdent les portes au sud, à l'est et à l'ouest, donnent l'impression d'une réduction malheureuse, d'une mutilation qui, en changeant les proportions et la disposition du sanctuaire, en a profondément altéré la nature. Le mur du sud, les colonnes corinthiennes de l'intérieur du sanctuaire, les arcades en plein cintre, peut-être aussi la coupole, appartiennent à la période byzantine, tandis que les galeries couvertes de la cour sont incontestablement arabes. Mais si ces disparates nuisent à l'effet esthétique de la mosquée, ils ne la rendent que plus intéressante par les problèmes archéologiques qu'ils soulèvent. Quelle était autrefois, avant la période byzantine, la place de l'édifice? Que reste-t-il de l'ancien sanctuaire élevé, sans doute, à l'honneur de Baal ou de Rimmon? Quelle a été l'œuvre particulière de chaque période dans le travail de remaniement qui a permis à l'édifice de survivre aux révolutions et de se présenter à nous sous cette forme encore imposante et gracieuse à la fois? Voilà quelques-unes des questions qui se présentaient à notre esprit pendant que nous parcourions rapidement cette ancienne et vénérable église de Saint-Jean. Et le caractère complexe de l'édifice nous le retrouvons jusque dans les souvenirs précis qu'il consacre; car il nous rappelle, par des tombeaux, saint Jean-Baptiste et Saladin, et, par un minaret, Jésus-Christ lui-même.

BnF
PHS

C'EST LE FONDS QVI MANQVE LE MOINS

www.ingramcontent.com/pod-product-compliance
Ingram Content Group UK Ltd.
Pitfield, Milton Keynes, MK11 3LW, UK
UKHW022151170726
13837UKWH00004B/1919

9 782019 924034